ARCHIV DER LICHTER

Dragan Travanov – Gedichte

Sprache und Licht verschmelzen in diesen Gedichten.
In seiner Lyrik und seinen Prosagedichten wirft Dragan
Travanov Schlaglichter auf eine traumverhangene
moderne Welt.

Dragan Travanov, 1971 in der Schweiz geboren, hat
Germanistik studiert und ist Buchhändler. Er lebt und
schreibt in Zürich.

DRAGAN TRAVANOV

GEDICHTE

Bibliografische Information der Deutschen Nationalbibliothek:
Die Deutsche Nationalbibliothek verzeichnet diese
Publikation in der Deutschen Nationalbibliografie;
detaillierte bibliografische Daten sind im Internet über
dnb.dnb.de abrufbar.

ISBN 978-3-7526-2484-7
© 2020 Dragan Travanov
Herstellung und Verlag: BoD – Books on Demand, Norderstedt
Lektorat: Daniel Schnurrenberger, Die Orthografen, Zürich
Umschlaggestaltung: Damien Tran
Satz: Anja Grad, Satz für Satz, Wangen im Allgäu

*what matters most is
how well you
walk through the
fire*

Charles Bukowski

SUMIDAGAWA

Venus
ist verschwunden,
Skelette zünden
das Feuerwerk am
lärmigen Nachthimmel,
wo Blumensträusse
zerplatzen, Kränze
brennen so hell
und die Blütenblätter
der Einsamkeit regnen
auf den lichterlohen Fluss.

ORTE

Es gibt Orte, da fallen
die Ziffern und Zeiger
von den Uhren und zerbrechen
auf dem Ozean, es gibt Orte,
da entsteigen den Zeilen
Kolibris und Papageien, die
davonflattern in den Vorhang
aus Indigo und Purpur,
es gibt Orte, da treffen
sich unsere Blicke
hinter Karnevalsmasken
und zerschmelzen zum Mond.

DIE SANDUHR

Es ist Zeit,
die Sanduhr wird gewendet,
und mit einem Schlag
stürzen Städte, Flugzeuge,
Strassen, Eisenbahnen, Flüsse,
Raumschiffe und Galaxien
in eine neue, gläserne Welt,
wo man nur darauf wartet,
aufs Neue gestürzt zu werden.

DIE LESERIN

Manchmal sehe ich dich
allein im Zug sitzen,
deine blauen Augen gleiten
über die abgegriffenen Seiten
eines Buches.

Niemals werde ich
meinen Blick lösen können
von dir
und denke,
du bist jetzt
in den unsichtbaren Städten
von Calvino.

Du bist jetzt
in der unendlichen Bibliothek
von Babel.

Du bist
die blaue Blume
am Rand einer
Buchseite.

DER KÖNIG

Menschen stehen im Licht der Haltestelle
und warten auf die Strassenbahn.

Aus dem Dunkel taucht er auf –
ein Mann in zerlumpter Kleidung,
er ist barfuss, die Fussnägel sind lang
und dreckig. Alles an ihm ist pechschwarz,
das Haar perückenhaft dicht und verfilzt.
Er trägt sein ganzes Hab und Gut
in einer Plastiktüte, die er sich mit einem Seil
um die Schulter gebunden hat.

Die Leute weichen ins Dunkel,
während der Mann theatralisch
eine zertretene Kippe vom Boden aufhebt
und sie anzündet. Dann geht er
zum Mülleimer und beginnt darin zu wühlen,
als würde ihn niemand beobachten.

Als wäre er
der einzige Mensch in der Stadt.

Eine alte Dame tritt zu ihm
und streckt ihm eine Banknote hin,
woraufhin ihr der Mann
sein majestätisches Grinsen zeigt.

Als wäre er
der König der Stadt.

Dann greift er mit seiner schwarzen Hand
in den Mülleimer, zieht
eine goldene Birne heraus
und verschwindet in der Nacht.

DIE KLIPPE

Wenn der Wind
stürmisch ist und
im wogenden Laub
der Bäume tobt,
klingt er wie das Rauschen
des Meeres, das
den Nachthimmel mit
seinen glühenden Sternen
überflutet.

Und du
sitzt hoch oben
auf einer Klippe
mit wallendem Haar
wie Algen auf dem Meeresgrund.

PAPIERTRÄNEN

Es ist dieser eine Satz
einer mexikanischen Hure, der sich
mir eingeprägt hat. Sie hat sich Tränen
aus Serviettenpapier unter die Augen geklebt
und spricht aufgelöst in die Kamera eines
Dokumentarfilmers, dessen Bilder
Jahre später über meinen Bildschirm
flackern, es ist Nacht, und ich sehe
die Schwarzhaarige, wie sie von ihrem Leid
erzählt, als sich plötzlich eine Papierträne
unter ihrem Auge löst und herunterfällt.
Die Hure hebt sie auf und sagt,
und wenn die Tränen herunterfallen,
tue ich einfach Spucke drauf
und klebe sie wieder an.

ROTER QUALM

Er sitzt jetzt schon
den ganzen Abend neben der Frau
und redet. In den kurzen Pausen,
die er macht, winkt er
den Barkeeper zu sich, um
sich das Weinglas auffüllen
zu lassen, oder er steckt
sich eine Zigarette an, bläst
den Rauch durch die kaputten
Zähne und redet weiter.

Am Anfang war er noch
zurückhaltend, als wollte er
herausfinden, bis wohin sie
ihm folgen würde, aber dann
wurden seine Geschichten
immer wilder. Sie nickt ihm
in regelmässigen Abständen zu
und mustert sein vernarbtes Gesicht
mit der Boxernase und dem fettigen Haar,
das er sich aus der Stirn gekämmt
hat. Er wirkt wie ein Penner,
der sich nachts herumprügelt
und mit zwielichtigen Frauen trifft,
wovon seine Geschichten auch handeln.

Niemand in der Bar beachtet
den Narbenvollen, und der Barkeeper
lässt ihn eine Kippe nach der andern
rauchen. Irgendwann sagt sie, dass
er sie mit seinen Geschichten
an einen Dichter erinnere, der nicht mehr
unter den Lebenden weilt, doch der Alte
hört sie nicht und beginnt
mit einer neuen Geschichte,
die sich wie der Qualm, der aus seinem Mund
entweicht, im roten Licht der Bar ausbreitet.

DER ENGEL IN DER BAHNHOFSHALLE

Die Lichter im Bahnhofsrestaurant
sind erloschen und die Biertrinker
davongezogen entlang der Bahngleise,
die aus der Halle führen und
sich in der Nacht verlieren.

Die Ticketschalter sind geschlossen und
die Wartesäle leer. In der dunklen Vitrine
des Blumengeschäfts blühen die Magnolien.

Leuchtreklamen bescheinen die weite Halle,
in der kein Mensch steht und wartet.
Auf der Anzeigetafel flimmert der Mond.

Niemand blickt hinauf zum tonnenschweren Engel
von Niki de Saint Phalle, der sich
vom Dach der Bahnhofshalle löst,
in die Tiefe stürzt und zerbirst
zu blauem Staub, der sich über die
geschlossenen Lider der Verseuchten legt.

DAS MÄDCHEN AM BECKENRAND

Wir taten Verbotenes
in jener lauen Sommernacht
und kletterten über einen
Zaun in eine Badeanstalt.

Eine Gruppe von Mädchen
folgte uns. Eine Rothaarige
hatte grosse Mühe, es über den
hohen Zaun zu schaffen, und alle
warteten mit pochendem Herzen.

Endlich sprangen wir jauchzend
ins dunkle Becken, in dem sich
der Kosmos spiegelte. Alles
war schwerelos und schwebend.
Das Mädchen mit dem roten
Haar, das ihre Schultern umfloss,
sass am Beckenrand und blickte herüber.

Erst Jahre später begegne ich ihr
wieder zufällig auf der Strasse.
Sie hat ein Glasauge, was
mir damals entgangen ist.
Ich blicke hinein und
erkenne augenblicklich
die unwiederbringliche Schönheit
jener Sommernacht, in die
wir jung und wild gesprungen sind.

HAPPY END

Man könnte sich eine
Hinrichtung vorstellen
auf einem Marktplatz,
und der Mensch ist
zugleich Vollstrecker
und Verurteilter,
der mit seiner letzten Tat
unter anfeuernden Zurufen
die Erde rettet.

DER SCHWIMMER

Sein Körper
gleitet durchs Wasser,
kämpft sich durch
Wellen und Strömungen.

Sein Herz pocht
wild und entschlossen
im peitschenden Rhythmus
der schaufelnden Arme.

Sein Geist
hellwach und fokussiert
auf den Rekord
irgendwo
im Blau des Meeres.

Er denkt nicht
daran, dass er
zu weit draussen ist,
und schwimmt
immer weiter.

Am nächsten Tag
steht in der Zeitung
in fetten Lettern:
REKORDFANG!
Direkt darunter ein Foto
mit Berufsfischern, die
triumphierend einen
riesigen Schwertfisch
in die Höhe stemmen,
der ihnen irgendwo
im Blau des Meeres
ins Netz gegangen ist.

ZEILEN

Manche Zeilen erfordern Mut;
du tippst sie, und die Wörter
erscheinen auf dem weissen Blatt
klar und scharf und wahrhaftig.
Du liest sie, dein Herz pocht,
und du willst sie löschen,
und dann merkst du, dass alle Zeilen
davor und danach mit ihnen untergehen würden,
als wären sie das pochende Herz des Gedichts,
das alle Wörter am Leben hält
und mit ihnen auch den Dichter,
der sie geschrieben hat.

DER FILMEMACHER

Als Derek Jarman langsam
sein Augenlicht verlor,
drehte er den Hörfilm BLUE,
bei dem über siebzig Minuten
lang nur der Farbton Blau
auf der Leinwand zu sehen ist.
Damals zog er sich zurück
in eine Fischerhütte
auf einer Küstenspitze mit
Kiesstrand nicht weit
von einem Kernkraftwerk.
Dort gestaltete er einen Garten
mit Blumen und Kunstobjekten aus
Eisen, Steinen und Treibholz,
und ich stelle mir vor, wie
der erblindete Filmemacher im Garten
stand, das Blau des Meeres hörte,
den Wind spürte und die Blumen
roch, die er angepflanzt hatte,
und wie er im selben Moment in der
ewigen Dunkelheit eines Kinosaals
Platz nahm und Bilder
heraufbeschwörte, die tief
in ihm loderten und die Schönheit
des Gartens, der ihn umgab,
in den Schatten stellten.

DIE TÄTOWIERTE NACHT

Un livre
c'est la nuit,
sagte Marguerite Duras.
Ich öffne die Nacht
und sehe Gassenpoeten
mit tiefen Augen
im Mantel der Einsamkeit,
wie sie mit Tinte und
feinen Nadelstichen
Worte ins dunkle
Firmament tätowieren,
wo sie für immer
leuchten werden für
die verlorenen Seelen
in tiefster Nacht.

INFERNO

Eine Zigarette ausdrückend
verliess der Fotograf
das Haus, in dem
sein Bildarchiv lagerte;
Tausende von Fotografien
in Kisten und Regalen, die
sämtliche Räume des Hauses
ausfüllten. Als er zurückkehrte,
stand das Haus in Flammen,
und er musste zusehen, wie
sich sein Lebenswerk in Rauch
auflöste. Das Einzige, was
übrig blieb, war der Film
in der Kamera, die
um seinen Hals hing
wie ein Strick.
Nur kurz
dachte er daran,
die Fotografie an den Nagel
zu hängen, doch es blieb
keine Zeit,
es nahte der Moment,
er witterte ihn wie eine Raubkatze
auf der Jagd, er hob
die Kamera und blickte
durch die Linse
in sein Inferno.

ZEHN SCHRITTE DANEBEN

Es ist Mittag. Der alte Mann
steht in der Küche und trinkt.
Durch das Fenster blickt
er in den Hof, und wie jeden Mittag
erscheint sie; das Mädchen
mit dem kastanienbraunen Haar,
sie zündet sich eine Zigarette
an, schaut in ihr Handy
und tippt unentwegt bis
die Zigarette fertig
ist. Dann verschwindet
sie wieder im Haus.
Nur zehn Schritte daneben:
ein Kastanienbaum,
dessen Blätter in vollkommen
verrückten Herbstfarben
glühen, so hell und
intensiv, als hätte sie
jemand angezündet. Bald
werden sie herunterfallen
und den Hof bedecken, bis sie
der Hauswart mit der Harke
zusammenholt und wegbringt.
Der Alte sitzt am Fenster und
trinkt. Das Mädchen erscheint,
ihr Haar flackert wild,
als stünde es in Flammen.

POSTKARTE

An meinem Kühlschrank
hängt eine Postkarte;
sie ist rechteckig
und zeigt Mönche, die
in rote Tücher gehüllt
sind und unter riesigen
Bäumen meditieren.
Wie wunderbar!
denke ich.
Doch dann erblicke ich
über den kahl rasierten Köpfen
bunt gefiederte Vögel,
die auf einem Baumast sitzen,
und in diesem Moment
denke ich:
Wie vollkommen!

VENEDIG

Sie gingen in ein Hotelzimmer,
als wären sie ein Liebespaar.

Die Fremde machte das Licht aus
und stieg langsam aus den Kleidern.
Sie war warm und
silhouettenhaft.

Später überkam ihn ein Frösteln
im Dunkeln.

Am Morgen hörte er,
wie sie aus dem Zimmer ging.
Auf dem Bett lag
eine Karte.
Er liess sie liegen
und verliess das Hotel.

Draussen waren die Gassen
überflutet vom Algenmeer.
Die Leute wandelten auf Holzstegen
über dem Wasser.

Er betrat ein weisses Schiff
und vergass die Nacht.

In der Erinnerung
sieht er in manchen Stunden
die Karte auf dem Hotelbett
und entziffert
ein Universum
von unbegangenen Stegen.

DIE OPER

Die alte Frau hat sich
schön gemacht. Als es dämmert,
nimmt sie das Opernglas hervor
und beobachtet die Krähen
im Park, und sie ist glücklich,
eine Station vor der Oper
ausgestiegen zu sein.

MANTRA

Da unten
im Chaos der Stadt
umgeben von hell erleuchteten Hochbauten,
Zeitstaub und Strassenlärm sitzt

dieser Ureinwohner mit wirrem Bart
auf einem bedruckten Karton
und singt im Lotossitz
einen Vers, den man kaum hört,

während die Leute mit abwesenden
Blicken an ihm vorbeieilen
zum Bahnhof, Flughafen, zu Banken
und Hotels, zu Schnapsläden und

Kaufhäusern, zur Arbeit in Fabriken
und Wolkenkratzern, kopfüber
stürzen sie wie Kometen, die verglühen,
durch die Ruinen und Häuserschluchten

vorbei an flackernden Lichtpfützen und
Neonreklamen, die verschwommene Träume
gebären in der Nacht, während
der Dunkelhäutige mit weissem Haar

und Gewand sitzt im Lotossitz
summend den Vers, den man kaum hört,
dessen geheimnisvoller Wortlaut
in fremden Welten spriesst wie

die Früchte in Darwins Gärten
umflammt von Feuerpracht, und
immer weiter strömen die Menschen
wie der heilige Ganges mit

seinen brennenden Flössen und
wie die rauschenden Nachtzüge
im Takt der Uhren, die hängen an
den Säulen der vom Sand verwehten

Wüstenruinen und Stationen,
während der dunkelhäutige Engel
schwebend im Lotossitz murmelt
den kryptischen Vers, den man

kaum hört im Geheul der millionen-
köpfigen Maschine, dem Orakel
von Silicon Valley, das reicht
von San Mateo bis San José und

umspannt mit seinen Tentakeln
die gesamte Erdoberfläche und
weissagt unsere Wege und die
ewig kreisenden Satellitenbahnen,

während der Entwurzelte im Lotossitz
singt den Vers, den man kaum hört
im Kraftwerk der Zivilisation, das
versprüht schallend und fauchend Funken

in die helle Nacht und zermalmt mit
scharfen Zähnen die Tropen, in denen
die Sintflut herrscht, und immer
weiter strömt der blinkende Verkehr

durch die heruntergekommene Stadt
in der Ödnis, wo Arbeitslose starren
aus Fenstern, wo eingebrannte Monde
niemals untergehen, wo Nachtkioske

verkaufen 3D-Brillen und Pillen, wo
schwarzer Dunst vorüberzieht auf
den Plätzen mit den abgerissenen
Plakaten, während der Eremit im Lotossitz

murmelt den Vers, den man kaum hört
in den Neonstrassen, wo Hipster
Selfies schiessen und betreten
den ewigen Spiegel voller Panik,

wo babylonische Fensterfriedhöfe
ragen in die Wolken, wo das Rattern
der U-Bahn begleitet den Schamanen,
der trommelt den Vers, den man kaum

hört, und immer weiter bewegt sich
die Menschenmenge mit Gebrüll
und Maskerade auf dem rissigen
Strassenpflaster der Propaganda,

auf den durchgerosteten Bahngleisen
des Fortschritts, auf den Müllhalden
des Gewinns, dringt immer tiefer
ein ins Elendsviertel der Einsamen

und Schlaflosen, ins unendliche Gewirr
der Backsteinfassaden und Graffiti,
in den wuchernden Asphaltdschungel,
wo brennende Dattelpalmen wehen

im Nachthimmel, wo Bettler schlafen
am Strassenrand, wo bewachte Mauern
stehen am Strand der Apokalypse,
während der Obdachlose im Lotossitz

murmelt den Vers, den man kaum
hört im Krach der toten Parade,
die gleich einer Wüstenkarawane
hinabsteigt, immer weiter hinab

ins Reich der Schmetterlinge,
die nicht mehr existieren, in
den Schlund des Molochs, wo
blaue Taxis warten im Dämmer

und Träume fliessen aus dem Brunnen,
der niemals versiegt, hinab, hinab,
immer weiter hinab ins Land der
Illusionen, wo feurige Krater sind

Wunden im Körper der Wahrheit,
wo das Webmuster einer Indianer-
decke auftaucht im Wüstenboden
von Manhattan, wo versteinerte

Korallenskelette leuchten
an den Helmen der Polizisten,
wo der alabasterne Transvestit
zerfliesst zum Wasserfall,

hinab, hinab, immer weiter
hinab ins schwarze Arkadien,
ins goldene Bordell mit
den tausend Türen, ins Labyrinth

der Totenschädel, wo sich tierische
Triebe entfalten wie Mohnblumen
auf der Leinwand von Georgia O'Keeffe,
hinab, hinab, immer weiter hinab

zu den verwehten Orten, wo
die Wüstenfelsen sind Gesichter
und die Gesichter werden zu Sand,
hinab, hinab, immer weiter

hinab in die Erinnerungen an
die Zukunft, in die sonnendurchflutete
Unterwelt, wo die Schatten an Platons
Höhlenwand sind Screenshots auf

der Netzhaut, wo versunkene Metropolen
langsam davontreiben, wo der verpixelte
Regenbogen ist die einzige Brücke
über dem Abgrund, hinab, hinab,

immer weiter hinab ins Universum
des digitalen Scheins, wo alle
sind eins in ihrer Einsamkeit,
hinab, hinab, immer weiter hinab

in die Opiumhöhle der Bilder und
Zeichen, wo endlose Zerstreuung
durchströmt Städte und Hausmauern,
wo die Wirklichkeit zerschmilzt

im schwarzen Löffel der Superrechner,
wo neue Welten aufbereitet und konsumiert
werden in schummrigen Verschlägen,
hinab, hinab, immer weiter hinab

zu den verlassenen Villen unter
der Stadt, zu den Klängen des verstimmten
Klaviers, zum Remix des verlorenen
Paradieses, hinab, hinab, immer

weiter hinab mit den geflochtenen
Haaren der Nacht, in denen hängen
Blitze und brennende Wolken, hinab,
hinab, immer weiter hinab zu den Plätzen

und Vororten der Gedanken, zu den
Neonpyramiden der Neuzeit, ins Reich
der strahlenden Hologramme weit
weg vom Gesang dieses Heiligen

mit wallendem Haar im Lotossitz,
der summt den Vers, den man kaum hört,
dieses der Zeit Entrückten und
ziellos Liebenden inmitten von Abfall,

der überflutet die Meere und schwebt
durchs All in elliptischen Bahnen
über den atomaren Grabsteinen unserer
Ahnen, während wir suchen den Code

der Macht und Unsterblichkeit wie
Geblendete in der flammenden
Stadt des Kapitals –
im Rausch dionysischer Slogans,

reitend auf dem Rücken
des Feuersalamanders durch
die verrotteten Strassen
einer Fata Morgana,

während der Mann im Lotossitz
flüstert den Vers,
den man kaum
Hört!

NIRWANA

Der fliegende Vogel,
der schläft
im Wind.

BILDERRAHMEN

All
die Schwere
in den Wolken.

All
die Gesichter
der Metamorphose.

All
die Farben
der Dunkelheit.

All
die Klarheit
im Liebesrausch.

All
die Ewigkeit
in jedem Atemzug.

All das
und vieles mehr
erscheint
im leeren Bilderrahmen
an meiner Wand.

WINTERNACHT

Überall
von den Dächern
löst sich Schnee,
fällt krachend
in die Tiefe
und prallt dumpf
auf den Gehsteig,
wo zu nächtlicher Stunde
die Strichjungen
im Matsch stehen
und auf Freier warten,
um mit ihnen
in den Hinterhof
zu gehen, wo sich
hallendes Gestöhne
erhebt bis zu
zu den Dächern
der weissen Stadt.

JAHRESZEITEN

Wo im Sommer
die Badegäste liegen
unter Sonnenschirmen
und die Kinder spielen
im verwehten Sand,
da stehen im Winter
die Möwen vor verschwommenem
Meereshintergrund, und
wo im Frühling sich
die Verliebten unter
Weinlauben vergnügen,
da sitze ich in meiner
liebsten Jahreszeit und
trinke mit den Augen
den roten Saft
der Herbstblätter.

SURPRISE

Den ganzen Tag steht er
mit dem Strassenmagazin
in der Hand vor dem Bahnhof
und ruft: „Surprise, Surprise!"
Doch er hat heute kein Glück
und verkauft nur wenige Exemplare.
Nachts beschliesst er,
ins Casino zu gehen und
dort sein Glück zu versuchen.
Der Mond geht über dem
Dach des Casinos auf,
als er in die Eingangshalle
tritt. Irgendwann setzt er alles auf
die Achtzehn und beobachtet, wie sich
die Elfenbeinkugel im Roulettekessel bewegt
und schliesslich auf der Drei abstürzt.
Als er pleite aus dem Casino
tritt, fällt sein Blick wieder auf
den elfenbeinfarbenen Mond, der jetzt
mitten am Nachthimmel steht, und
nur kurz erfasst er, wie sich die Mondkugel
im schwarzen Sternenkessel um die Erde
bewegt, während die Erde mit über
hunderttausend Kilometern pro Stunde
durchs Weltall schiesst.

DAS SCHLOSS

Gestern las ich
Sorokin. Es schneite
die ganze Nacht. Am
Morgen lag eine gewaltige
Schneedecke über der Stadt.
Alles versank im Schnee,
die Türen, Fenster und
der Kirchturm. Ich war
der Einzige, der einen Weg
durch den Schnee suchte
und zur Versteigerung
erschien. Der Hammerschlag
des Auktionators hallte
durch den leeren Saal und
besiegelte mein Gebot.
So wurde ich Besitzer
des Schlosses auf dem Berg,
der aus dem ewigen Weiss ragt.
Das war mein Traum
letzte Nacht.

OKTOGEN

Das Hochhaus ragt in dunkle
Wolken, die vorüberziehen
und die Sonne verdecken.
Alles ist abgesperrt, die

Autobahn geschlossen und
die Leute aus der Siedlung
haben ihre Häuser verlassen,
nachdem sie die Rolläden in

den Wohnungen heruntergelassen
haben. Gespenstisches
Sirenengeheul durchschneidet
die Stille. Ein Vogelschwarm

flattert in den schwarzen
Himmel und zieht davon. Ein
Mann mit Helm schliesst
die Drähte aus dem Gebäude

an der Zündmaschine an.
Fahle Planen rund um die Fassade
flattern im Wind und schlagen gegen
den Beton. Ein weiterer Vogelschwarm

zieht in wogenden Formationen
davon, als zwei Signaltöne
die Sprengung freigeben. Der Mann
mit dem Helm steckt die Kurbel

in die Zündmaschine und beginnt
zu drehen. Dann steckt er
die Kurbel um, und die
Sprengschnur wird gezündet.

Ein dumpfer Knall breitet sich
wellenartig aus und schlägt
den Zuschauern hinter den
Abschrankungen gegen die Brust.

Ein Lichtblitz erhellt die
unteren Stockwerke, gefolgt
von einer Staubwolke, die sich
impulsartig längs des Gebäudesockels

ausweitet. Das Hochhaus knickt
unten ein und gleitet wie
ein Fahrstuhl abwärts,
verschwindet Stockwerk für

Stockwerk, Fensterreihe für
Fensterreihe in der Erde. Eine
andächtige Stille kehrt ein.
Staubschwaden formen skurrile

Traumgebilde im Dämmerlicht. Nach
einer Weile lichtet sich der Staub,
und aus der Trümmerlandschaft entsteigt
mit klingender Doppelflöte Euterpe.

SUPER CONSTELLATION

Er war es gewohnt, dass auf dem Flug
von Santo Domingo nach Florida ein
Zylinder aussetzte. Er ignorierte die
Störgeräusche und blickte aus dem Cockpit
in die verwilderte Landschaft. Er musste
in all den Jahren noch nie notlanden
und lieferte die Kisten voller
tropischer Früchte immer plangemäss
in Florida ab. Es war auch schon
ein ganzer Motor ausgestiegen, aber
auch das konnte ihn nicht aus der Ruhe
bringen, die er hoch oben über
dem schwebenden Wolkenmeer empfand.
Er kannte seine Maschine mit dem langen
Rumpf und was sich darin verbarg:
4 Doppelsternmotoren mit je 18 Zylindern,
die ihn im Takt eines 72-köpfigen Symphonie-
orchesters in die verwehte Abendröte trugen.

DAS FESTMAHL

Der alte Mann war erschöpft,
ausgehungert und müde. Er setzte
sich auf die gefrorene Bank beim
Bahnhof und rieb die bläulichen Hände

aneinander. Die Luft war
völlig klar und eiskalt. Die kahlen
Bäume und blauen Konturen
der Häuser sah er gestochen scharf,

als hätte man ihm eine Brille
aufgesetzt. Er schloss die Augen
kurz und spürte die Wärme, die
ihn umschloss wie die Decke in

der Notschlafstelle. Er
musste kurz eingeschlafen sein,
denn als er die Augen öffnete,
blendete ihn die Sonne, und

die Vögel auf den saftgrünen
Bäumen zwitscherten wild. Seine
Frau winkte ihm zu und rief
ihn zum Abendessen. Sie sass

mit der Familie an einem
langen und üppig angerichteten
Tisch unter einem Baum. Der alte Mann
rieb sich die Augen und setzte sich

an den Tisch mit dem Festmahl,
das im Sonnenlicht erstrahlte.
Er blickte in die Runde und sah
die Kinder, die sich zankten,

seinen Vater und die Mutter, den
Urgrossvater mit seiner Frau,
die ein blaues Haarband trug
und wunderschön war, sie unterhielt

sich lachend mit ihrer Mutter.
Der alte Mann nahm das Weinglas,
das im einfallenden Licht
rubinrot schimmerte, und trank

einen Schluck, der ihm so süss
und tröstend erschien wie
die kristallene Träne
auf seiner blauen Wange.

NACHTFALTER

Man sieht sie kaum –
die Facettenaugen bestehend
aus Tausenden von Einzelaugen,
die schimmern wie die Oberfläche
eines schwarzen Brillanten und
uns überall sehen: in den Aufzügen
und Korridoren, in Tiefgaragen und
Seitenstrassen, Restaurants und
Büros, in den endlosen Krankenhausfluren
und Hotelhallen, beim Demonstrieren
und Joggen, beim Einkaufen und Meditieren,
in Hochhäusern und Unterführungen,
auf Festen und Beerdigungen, in
Museen und Pissoirs, bis
dieser Bursche mit hochgezogener
Kapuze und Baseballschläger erscheint,
übergross in der schwarzen Linse,
die in Höchstauflösung das Funkeln
in seinen Facettenaugen beim Ausholen erfasst.

IN DER STRASSENBAHN

Ein alter Mann sitzt
im Rollstuhl, die rechte
Hand in der Schlinge.
Er trägt einen Hut, eine
ockerbraune Lammlederjacke,
Trainingshosen und Turnschuhe
mit Klettverschluss. Der
Rollstuhl ist mit einem
Band an der Haltestange
angebunden, damit er nicht
davonrollt. Der Kopf des
alten Mannes wippt mit der
Fahrt hin und her. Er blickt
in den Kinderwagen, der
neben ihm abgestellt ist.
Es ist Viertel nach drei;
das Neugeborene im Kinderwagen
winkt dem Alten zu und beginnt
entfesselt zu lächeln, woraufhin
der Greis im Rollstuhl die Hand
hebt und mit einem kindlichen
Lächeln das Winken erwidert.

PARADIESVOGEL

Er setzte sich vor den
den Schminkspiegel und
begann mit der Verwandlung.
Zwei Stunden später steckte er
die letzten Vogelfedern in
die Haare. Es kam ihm vor,
als hätte er sein Innerstes
nach aussen gekehrt; er fühlte
sich bildschön und war bereit
für die Schau. Er löschte
das Licht und trat hinaus
auf die nächtliche Strasse,
wo ihm eine Gruppe von Raufern
auflauerte und ihn in den Fluss
warf. Fünf Meilen weiter unten
wurde sein gefiederter Körper
ans mondhelle Ufer geschwemmt,
was er im Flug sehen konnte.

DAS LETZTE LICHT

Irgendwann verliessen wir
den Pfad, die Nacht brach
herein und blieb stehen
wie eine kaputte Uhr. Wir
warteten auf den Morgen,
aber er kam nicht. Als
der Notproviant aufgebracht
war, setzten wir uns ins
Gras und warteten. Das
war vor sieben Tagen oder
sieben Jahren. Niemand
kann das mit Bestimmtheit
sagen. Wir haben noch eine
Patrone in der Leuchtpistole
und beschliessen sie abzufeuern.
Ein Soldat richtet sie in
die Finsternis, drückt den Abzug,
und wir sehen, wie die Leuchtkugel
mit einem Zischen durch den Nachthimmel
schiesst wie ein Feuerrad, dessen
flackernder Schein durch die Blätter
der Bäume streift und die nächtliche
Szenerie erhellt – ein weisses Schaf
mit glänzenden Augen direkt vor uns,
schlafende Vögel im Laub der Bäume
und ein Fluss, der still steht
wie auf einem Gemälde. Dann stürzt

die feurige Sonne auf die Wiese
und verglüht im roten Gras.

CHAOS

O Chaos
gebärst im Feuer
zersprengte Galaxien.

O Chaos
gebärst im Meer
flammende Gebirge.

O Chaos
gebärst im Erdreich
paradiesische Tropen.

O Chaos
gebärst im Himmel
zerstörerische Zyklone.

O Chaos
schlägst
zur späten Stunde
in des Menschen Brust.

GABEN

Wenn die Sonne
untergeht und
die Eisentore
zufallen, sammeln
sich jenseits
der Pforten im
Schein der Kerzen
streunende Katzen,
Strassenkinder und
Wolfshunde, um die
zahlreichen Gaben
zu teilen, die liegen
geblieben sind auf
den verwitterten Gräbern.

BASAR

Es ist Abend. Die Sonne dringt
durch die Wolken. Nach Stunden
des Spazierens gelangt die Frau
zu einem Basar. Sie drängt

sich durch die Menschen und
bleibt vor einem Stand stehen, auf
dessen Ablage unzählige Glühbirnen
ausgestellt sind. Der Händler begrüsst

sie und beginnt zu feilschen. Sie
bleibt aus Höflichkeit stehen und
kann sich seinem Drängen nicht
entziehen. Jedesmal, wenn sie

sich verabschieden will, hebt
der alte Mann die Stimme und fleht
sie an. Wenig später schraubt sie
die Glühbirne in ihrer Wohnung

in die Fassung, die an einem Kabel
von der Decke herabhängt. Dann
knipst sie das Licht an. Sie sieht,
wie der Glühfaden zu leuchten beginnt,

und setzt sich in den Sessel. Es ist
ein honigwarmes Licht, das sich im
Raum ausbreitet und über die
Gegenstände legt. Es ist Abend, und

sie ist die Wolke, durch welche die Sonne dringt.

ROSSKASTANIE

Das hundertjährige Haus
soll abgerissen und
durch einen Neubau ersetzt
werden. Der Hundertjährige
lässt seine Habseligkeiten
in der Wohnung zurück: die Kleider,
Bücher, Briefe, das Geschirr und
die zerbrochenen Erinnerungen.
Das Einzige, was er mitnimmt,
ist die rotblühende Rosskastanie
vor dem Haus, die in all den Jahren
bis in sein Schlafzimmerfenster
unter dem Dach gewachsen ist
und ohne deren Duft er
nicht mehr atmen könnte.

SOMMERGEWITTER

Das Zirpen
der Grillen
im Schoss
der Nachtwiese.

Gewitterblitze
irgendwo
in der Ferne.

Donnergrollen
brachial und
bacchantisch.

Wilder und
ungestümer Duft
des saftigen Grüns
entfacht vom
warmen Sommerregen,
der jetzt niederprasselt
auf das schwarz blühende Leben.

AUF DER ANDEREN SEITE

Ein Rechteck
aus Licht
auf der nachtblauen Wand.

Silbrige Fäden
durchziehen
das Lichtgebilde.

Der Bauch des Flugzeugs
öffnet sich, und
die Bombe fällt herab.

Auf der anderen Seite
der Nacht.

Das schillernde Netz erzittert,
und die Spinne krabbelt ins Licht.

DER VERSCHOLLENE

Verschollen
im Widerschein
des Wassers.

Verschollen
im Paradies
der Wörter.

Verschollen
im Echo
der Verse.

Verschollen
im Sand
der Wirklichkeit.

SCHERBE

Vergessen
und zersplittert
liegst du auf der Strasse,
Bruchstücke der Wolken
spiegelnd, durch welche
plötzlich Licht bricht
und auf deinen Körper trifft,
wo es zerbirst zu
Tausenden von Farbblitzen,
so wild und unberechenbar
wie die Anarchie
der Fantasie.

IN DER KIRCHE

Ich bin in der Kirche
auf der Hochzeit eines Freundes
und bringe diese Bilder
vom Elend auf der Welt
nicht aus dem Kopf, und
ich denke, wenn man nur
weit genug wegginge,
dann würden sich diese Elendsbilder
in klitzekleine Punkte verwandeln,
und vielleicht wären diese klitzekleinen
Punkte dann ein Lichtschimmer
auf dem Kleid meiner Braut.

DER OLIVENHAIN

Mit einem Strohhut,
der sich im Wind wölbt,
sitzt Van Gogh vor der Staffelei
und blickt von einem Hügel
hinab zum Olivenhain.

Das Geheimnis der Olivenbäume:
die silbrig-grauen Härchen
auf der Unterseite der Olivenblätter,
die im Wind zu flirren beginnen und
die Magie des Lichts heraufbeschwören.

KUNST-MASCHINE

Schau dich um,
bleib wach, wenn
die anderen schlafen,
mach alles, vor allem
das, was du nicht
perfekt beherrschst,
damit Reibung entsteht
im Räderwerk der Kunst-Maschine
und die Funken sprühen.

A. R. PENCK

Mul, Bul, Dang
Sentimentality
mit dem Schlagzeug.

Endless Jazz
mit dem Pinsel.

Oder
der Herabsteigende
auf der fliegenden Axt.

DUNKELKAMMER

24 Sekunden,
und das Weiss
auf dem Fotopapier
löst sich auf wie Atem
auf dem Fensterglas,
schleierhaft und schwebend,
und dahinter
wachsen im Licht
die ersten Schatten
der Erinnerung.

STERNENSTAUB

Es ist schön
hier.

Ich blicke
aufs Blatt
mit den Wörtern.

Dann frage ich mich,
was einst sein wird,
wenn alles zerfällt
zu Abermilliarden
von Partikelchen, die
umhertreiben im All.

Werden sie sich
Lichtjahre entfernt
wieder zusammenfügen
wie die Wörter
in diesem Gedicht?

Ich blicke
aufs Blatt und
sehe Sternenstaub.

STILLLEBEN

Alles
verschwindet
bis auf das Licht
und die Brandung
der Stille, die
aus dem Mund strömt
der aufgespreizten Lilie.

LUNA

O Luna
schenkst uns
dein magisches Licht,
das sich ergiesst
wie ein orientalischer Teppich
gestickt mit goldenem Faden.

O Luna
schenkst uns
deine goldenen Tränen,
die sich ergiessen
über jedes einzelne Staubkorn,
über jeden Grashalm,
der erklingt wie eine Sitar
mit strahlenden Saiten.

O Luna
schenkst uns
das ewige Lachen,
das sich spiegelt
in deinem Goldgesicht.

KARAOKE

Von oben
hört sie
durch die Decke
Karaoke-Gesang und
besoffenes Gelächter.
Bekannte und
unbekannte Lieder
und immer wieder
Rehab von Amy Winehouse, das
ihre Zwillingsschwester mochte.
Die ganze Nacht
Karaoke-Gesang und
besoffenes Gelächter
und immer wieder
Rehab vom Amy Winehouse,
während sie im Bett liegt
hellwach.

NACHTGESPRÄCHE

Es ist Nacht,
auf den Neonreklamen
sitzen Vögel und zwitschern,
als teilten sie ein Geheimnis,
das uns Menschen verborgen ist.

SOMMERZEIT

Der Himmel färbt sich
mit Schichten rosafarbenen Lichts,
der Alte blickt auf
seine Blechuhr und stellt
sie eine Stunde vor.
Während er mit Hut und
Stock die Allee entlangspaziert, die
von turmhohen Pfauenfedern gesäumt
ist, fragt er sich kurz,
was er wohl verpasst hat
in dieser Stunde,
die nicht existiert.

GOLDENES FELD

Wach auf,
geh hinaus zum
Feld der Nachtkerzen
mit den goldenen Blüten,
die nur einmal blühen,
wenn die Sonne untergegangen ist.

MONDHOCHZEIT

Das Gerippe der Gezeiten
mit seidenem Schleier
aus Seesternen und
Müll folgt dem Mond
in die abgebrannte Kirche
der Natur, wo der Mond
vor bemoostem Altar
seine nachtblaue Braut
küsst mit fahlem Licht.

FLUCHT

Sie springt
über Dächer,
der weisse Kittel
flattert gespenstisch.
Sie springt
über Felsen,
das rote Haar
flackert wie Feuer.
Sie springt
über Felder
und fühlt sich
wie ein Vogel
im Sturzflug.

SEEUNGEHEUER

In der Ferne
brechen sich die Wellen.
Azurblau mit
weissen Kronen.
Rauschende Einsamkeit
in einem Meer
aus Schreien.
Bis am Horizont
aus dem Königsblau
entsteigt eine Maske
mit flutendem Muschelhaar.

MITTEN IN DER NACHT

Die geträumten Tränen
sind diejenigen
der Mondaugen
über den Ruinen.
Das geträumte Licht
ist dasjenige,
das sich bricht
im Sternenregen.
Die geträumten Farben
sind diejenigen
des Regenbogens
mitten in der Nacht.

TRUHE

Wir werden geboren
in die perlenbesetzte Truhe
der Vergänglichkeit,
die sich füllen lässt
mit allerlei schönen Dingen
wie Wolken, Marmorstatuen,
Buchstaben, Küssen, Muscheln,
Melodien und Champagner,
bis sie überquillt
und zerspringt
in alle Himmelsrichtungen.

EDEN

Am Rand
der Nacht stürzt
das erste Licht
rubinrot und toxisch
auf den Boulevard
von Eden, wo
die Liebestrunkenen
eng umschlungen
erblühen.

INHALT